Eu amo o LOUIS
Você é fã número 1 dele?

Eu amo o LOUIS
Você é fã número 1 dele?

Tradução de
Patrícia Azeredo

1ª edição

Rio de Janeiro | 2013

CIP-BRASIL. CATALOGAÇÃO NA PUBLICAÇÃO
SINDICATO NACIONAL DOS EDITORES DE LIVROS, RJ

E86   Eu amo o Louis: você é fã número 1 dele? / Sophie Schrey ... [et al.];
        tradução Patrícia Azeredo. – 1. ed. – Rio de Janeiro: BestSeller, 2013.

        il. (Eu amo One Direction ; 3)
        Tradução de: I love Louis
        ISBN 978-85-7684-717-5

        1. One Direction (Conjunto musical). 2. Músicos de rock – Inglaterra.
        I. Schrey, Sophie. II. Título. III. Série.

13-00164   CDD: 782.421640942
                                                CDU: 784.011.26(420)

Texto revisado segundo o novo Acordo Ortográfico da Língua Portuguesa.

Título original inglês
I LOVE LOUIS
Copyright © 2013 by Buster Books
Copyright da tradução © 2013 by Editora Best Seller Ltda.

Publicado primeiramente na Grã-Bretanha em 2013 pela Buster Books, um selo da
Michael O'Mara Books Limited.

Capa original adaptada por Gabinete de Artes
Editoração eletrônica: Abreu's System

Todos os direitos reservados. Proibida a reprodução,
no todo ou em parte, sem autorização prévia por escrito da editora,
sejam quais forem os meios empregados.

Direitos exclusivos de publicação em língua portuguesa para o Brasil
adquiridos pela
Editora Best Seller Ltda.
Rua Argentina, 171, parte, São Cristóvão
Rio de Janeiro, RJ – 20921-380,
que se reserva a propriedade literária desta tradução

Impresso no Brasil

ISBN 978-85-7684-717-5

Seja um leitor preferencial Record.
Cadastre-se e receba informações sobre nossos lançamentos e nossas promoções.

Atendimento e venda direta ao leitor
mdireto@record.com.br ou (21) 2585-2002

Sumário

Sobre este livro	7	Last First Kiss	59
O que você prefere?	8	Escrito nas estrelas	63
Forever Young	10	Stole my heart	68
Doces tuítes	13	Qual é a sua música-tema?	72
Mico!	15	Seu dia perfeito	74
Superfãs	17	Encontro dos sonhos	76
Universo do Twitter	20	Músicas embaralhadas	78
Fatos fantásticos!	22	Procurando o Louis	80
Favoritos	25	Deu no jornal!	82
Verdadeiro ou falso?	28	O melhor... dia... de... todos	86
Deixe o dado decidir	31	Sonhe alto	90
Qual foi a pergunta?	34	Linha do tempo	93
Os looks do Louis	37	Avalie a pegadinha	98
Vista o Louis	41	Jogo de adivinhação	103
Levem-no ao show	42	Respostas	105
A calculadora do amor	58		

Você ama o One Direction. Sabe todas as músicas deles de cor, analisa detalhadamente cada apresentação, cola fotos dos *fab five* nas suas paredes e se enche de orgulho sempre que eles conquistam algo novo e espetacular.

Todos têm um integrante favorito na banda, e se você ama mesmo o Louis, este livro é para você. Está cheio de testes divertidos, curiosidades interessantes, jogos, histórias e muito mais, revelando tudo o que você sempre quis saber sobre ele.

Qual foi a pegadinha mais engraçada que ele já fez? O Louis sempre foi tão estiloso? Do que ele mais gosta, onde seria o encontro de vocês? Vire a página para descobrir tudo isso e muito mais. O que está esperando? Pegue uma caneta, pois é hora de colocar à prova o seu conhecimento sobre o Tomlinson. As respostas estão no final do livro.

É fabuLouis!

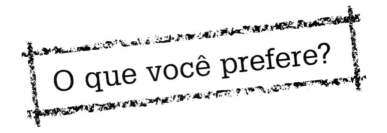

SÓ O FATO DE PASSAR UM TEMPO COM O LOUIS JÁ SERIA DIVERSÃO MAIS QUE SUFICIENTE PARA A MAIORIA DAS PESSOAS, MAS E SE VOCÊ PUDESSE ESCOLHER SUAS ATIVIDADES? DECIDA A SEGUIR. E QUE TAL APROVEITAR PARA PEDIR A OPINIÃO DOS SEUS AMIGOS E COMPARAR SUAS RESPOSTAS COM AS DELES?

O que você prefere...

Ser comprador pessoal do Louis?	⬅➡	Cuidar dos cabelos dele?
Jantar em um restaurante chique com ele?	⬅➡	Preparar a comida favorita dele em sua casa?
Um show particular do Louis na sua sala?	⬅➡	Ficar de bobeira com ele nos bastidores de um show?
Sair de férias com ele?	⬅➡	Passar o dia no ônibus de turnê do One Direction?

EU AMO O LOUIS

Que o Louis dedique sua música favorita do One Direction a você? ⟷ Que o Louis componha uma música sobre você?

Patinar no gelo com o Louis? ⟷ Jogar boliche com ele?

Brincar de Twister com a banda? ⟷ Cantar no caraoquê com eles?

Ter uma mecha do cabelo de Louis? ⟷ Ter uma das unhas do pé do seu ídolo?

Entrevistar o Louis? ⟷ Compor o visual dele para uma sessão de fotos?

Ir ao cinema com ele? ⟷ Assistir a um DVD em casa com ele?

Conhecer o BFF dele? ⟷ Apresentá-lo ao seu BFF?

Que o One Direction cante na sua festa de aniversário? ⟷ Ser convidado para o aniversário do Louis?

Ir a todos os shows do One Direction? ⟷ Ir à festa de lançamento do próximo disco como VIP?

VOCÊ AMA O LOUIS DESDE A PRIMEIRA AUDIÇÃO DELE NO *X FACTOR*. AGORA É HORA DE VOLTAR AO PASSADO E VER QUANTO VOCÊ SABE SOBRE A VIDA DELE ANTES DA FAMA. FAÇA O TESTE E DEPOIS CONFIRA AS RESPOSTAS NA **PÁGINA 105**.

1. O dia em que o Louis nasceu foi ainda mais especial porque também era:
   a. Dia de Natal
   b. Réveillon
   c. Véspera de Natal

2. Como se chamam as irmãs gêmeas do Louis?
   a. Daisy e Charlotte
   b. Daisy e Phoebe
   c. Daisy e Claire

3. Quando criança, o Louis era obcecado pelos Power Rangers. Qual era o Ranger favorito dele?
   a. O vermelho
   b. O branco
   c. O rosa

4. De acordo com a mãe, Johanna, quando o Louis era bebê ele acenava para as pessoas do carrinho e dizia:
a. "Bom te ver!"
b. "Quero biscoito!"
c. "Oiê, tenha um bom dia!"

5. Qual era o nome do melhor amigo do Louis durante o ensino fundamental em Poole?
a. Stan
b. Alex
c. Harry

6. Na escola, uma das primeiras músicas que o Louis cantou com sua banda, The Rogue, foi:
a. "How Deep Is Your Love", do Take That
b. "Yellow Submarine", dos Beatles
c. "Mr. Brightside", do Killers

7. Dos garotos do 1D, o Louis é conhecido como o mais tagarela, mas qual foi a primeira palavra que ele disse na vida?
a. Gato
b. Cachorro
c. Cenoura

8. Que musical Louis protagonizou na escola?
a. *Amor, sublime amor*
b. *O mágico de Oz*
c. *Grease - Nos tempos da brilhantina*

9. Quando tinha 11 anos, o Louis fez um pequeno papel em um programa de TV chamado *Fat Friends*. Que famoso comediante britânico ele conheceu durante as gravações?
 a. James Corden
 b. Michael McIntyre
 c. Russell Howard

10. Onde o Louis trabalhou durante o ensino médio?
 a. NME Magazine
 b. Barnsley Football Club
 c. Sua antiga escola primária

11. Qual era o nome da primeira namorada do Louis?
 a. Amelia
 b. Eleanor
 c. Arianna

12. Qual era o emprego do Louis quando ele fez sua primeira audição para o *X Factor*?
 a. Ele trabalhava em um cinema
 b. Ele era entregador de jornais
 c. Ele passeava com os cachorros dos vizinhos

O LOUIS PODE SER UM CARA ATREVIDO, MAS GOSTA DE MOSTRAR SEU LADO SENSÍVEL PARA OS FÃS NO TWITTER. ESTES DOCES TUÍTES VÃO FAZER VOCÊ AMÁ-LO AINDA MAIS.

🐦 Eu não me incomodaria de ter uma boa conversa com o @zaynmalik agora! Saudades, cara!

🐦 Pessoal, passei muito tempo esta semana refletindo sobre o que conquistamos. É inacreditável o que vocês nos ajudaram a conquistar!

🐦 Um ultrafeliz aniversário de 21 anos para o meu melhor amigo @Stanley_Lucas! Tenha um ótimo dia, abração!

🐦 Volto looogo. Em viagem de férias no momento. Amo todos vocês bjs

🐦 Feliz dia das mães para minha incrível Mãe @jaytommo :) Muito amor!!

🐦 Estamos em uma posição com a qual os outros sonham. Amamos vocês, pessoal. Vocês nos puseram aqui! Não achem que esquecemos.

O maior obrigado possível em 140 caracteres para pessoas do mundo inteiro que compraram nosso disco e nosso single. Vocês nos inspiram!

———————— EU AMO O LOUIS ————————

O LOUIS É CONHECIDO COMO O FÃ DE PEGADINHAS DA BANDA, MAS ATÉ ELE TEM SUA COTA DE MOMENTOS CONSTRANGEDORES. LEIA ESTAS HISTÓRIAS DE MICOS E DECIDA SE SÃO DE VERDADE OU FRACASSOS FALSOS. DEPOIS CONFIRA SUAS RESPOSTAS NA **PÁGINA 105**.

1. Quando o Louis estava tirando um cochilo no ônibus da turnê do 1D na Austrália, o Zayn decidiu enfiar canudinhos de refrigerante nas narinas dele. O Louis acordou com os colegas de banda ao seu redor, fazendo barulhos de morsa.

☐ Mico de verdade ☐ Fracasso falso

2. Todos nós amamos o cabelo sedutor do Louis, mas ele admite que tinha um penteado bem esquisito quando era mais novo. O cabelo dele era espetado em cima, e a franja, jogada para um lado só. Ainda bem que mudou, não é, Louis?

☐ Mico de verdade ☐ Fracasso falso

3. O Louis adora cereal e odeia quando não tem leite. Mas uma vez, quando era criança, ele ficou tão empolgado que mandou para dentro uma tigela de comida de cachorro. Nojo!

☐ Mico de verdade ☐ Fracasso falso

4. A jurada do *X Factor* Tulisa decidiu dar ao Louis um gosto do próprio veneno ao passar um trote para ele, fingindo ser um pato. Quando se deu conta de uma pegadinha, o Louis viu que tinha caído como um patinho.

☐ Mico de verdade   ☐ Fracasso falso

5. A lembrança mais constrangedora que o Louis tem da escola foi quando pensou ter ouvido o nome dele como vencedor do prêmio de excelência acadêmica. O Louis ficou em pé na frente da escola inteira, pronto para receber o prêmio... Junto com uma menina chamada Louise, a verdadeira ganhadora.

☐ Mico de verdade   ☐ Fracasso falso

6. O Louis demonstrou que ainda é uma criança quando revelou que não consegue dormir sem seu querido ursinho de pelúcia, Boo Bear.

☐ Mico de verdade   ☐ Fracasso falso

7. Os garotos do 1D estão acostumados a receber pedidos para tirar fotos com os fãs. Por isso, quando o Louis e o Harry estavam de férias esquiando e duas pessoas os abordaram com uma câmera na mão, eles se anteciparam e fizeram pose. Porém, os turistas queriam mesmo era que os meninos tirassem uma foto deles. Que vexame!

☐ Mico de verdade   ☐ Fracasso falso

8. O Louis ficou vermelho de vergonha quando a própria mãe decidiu postar fotos lindas dele quando era bebê para milhares de fãs no Twitter.

☐ Mico de verdade   ☐ Fracasso falso

EU AMO O LOUIS

O LOUIS DIZ QUE A BANDA NÃO ESTARIA ONDE ESTÁ HOJE SEM OS DIRECTIONERS, MAS ÀS VEZES OS FÃS FAZEM UMAS MALUQUICES... TENTE DESCOBRIR QUAIS DESTES FATOS RELACIONADOS A FÃS SÃO VERDADEIROS E QUAIS SÃO FALSOS, E DEPOIS CONFIRA AS RESPOSTAS NA **PÁGINA 105**.

1. Uma vez, parte do moletom com capuz do Louis foi rasgado quando fãs atacaram o 1D em um aeroporto. Naquele mesmo dia, ele foi autografar livros e acabou reencontrando a manga perdida, que o fã radical queria que ele assinasse.

   ☐ História verdadeira   ☐ Mentira deslavada

2. O Louis diz que a coisa mais esquisita que um fã já pediu para ele autografar foi a unha do dedão do pé. Para piorar a situação, ele alega que os pés da garota tinham mais chulé que os dele!

   ☐ História verdadeira   ☐ Mentira deslavada

3. Fãs norte-americanos desenvolveram uma forma singular de rastrear o 1D quando a banda está nos EUA. "É engraçado. Sempre que vamos lá, eles nos seguem em skates, o que é surreal."

   ☐ História verdadeira   ☐ Mentira deslavada

EU AMO O LOUIS

4. Na Itália, quando uma fã abordou o Louis pedindo uma foto, ela conseguiu um pouco mais do que esperava. Ele estava segurando um sorvete na hora e, em um momento deliciosamente travesso, decidiu passar um pouco no rosto dela. Três horas depois o Louis a viu em uma sessão de autógrafos, ainda com o sorvete seco no rosto.

☐ História verdadeira   ☐ Mentira deslavada

5. O Louis admite que uma das experiências mais engraçadas com fãs aconteceu quando uma garota da Escócia mandou de presente para ele uma dúzia de bengalas esculpidas à mão, uma piada, porque ele é integrante mais velho do One Direction. "Foi bem engraçado, mas não sei se ela queria causar uma boa impressão, afinal, não sou tão velho assim," contestou ele.

☐ História verdadeira   ☐ Mentira deslavada

6. Os fãs dedicados do Louis adoram enchê-lo de presentes no Dia dos Namorados. Uma fã mandou doces em forma de coração pelo correio, mas infelizmente, quando a encomenda chegou, eles estavam quebrados em pedacinhos, deixando o cantor arrasado.

☐ História verdadeira   ☐ Mentira deslavada

7. Uma superfã de Melbourne, Austrália, levou o amor do Louis por roupas estilo navy a outro patamar, dando de presente para ele um colete salva-vidas personalizado. Ela mandou imprimir o rosto dela nas costas do colete, junto com as palavras: "Eu amo você, Louis, agora venha me salvar!" Está aí uma bela forma de chamar a atenção.

☐ História verdadeira   ☐ Mentira deslavada

18

8. Durante o *X Factor*, Louis declarou se sentir atraído por garotas que gostassem de cenouras. Isso levou os fãs à loucura, e a banda recebeu muitas cenouras, bem como vários itens inspirados nelas. Duas fãs até se vestiram de cenoura e dançaram atrás do palco, quando a banda estava se apresentando.

☐ História verdadeira ☐ Mentira deslavada

9. Um dos momentos de maior orgulho do Louis foi quando conquistou o papel de Danny Zuko na montagem de *Grease — Nos tempos da brilhantina* feita em sua escola. Ele ficou muito impressionado quando cinco fãs apareceram em frente à casa dele vestidas de Pink Ladies, cantando "You're The One That I Want" a plenos pulmões.

☐ História verdadeira ☐ Mentira deslavada

10. O Louis recebeu vários presentes de fãs, mas provavelmente um dos mais estranhos foi um caranguejo vivo.

☐ História verdadeira ☐ Mentira deslavada

11. Em um show do One Direction em Los Angeles, EUA, uma Directioner decidiu jogar o celular no palco em uma tentativa de chamar a atenção da banda. O Louis pegou o celular e, ainda no palco, ligou para a mãe dela! "Acho que a sua filha acabou de jogar o celular dela no palco. Pensei que a senhora deveria saber," avisou.

☐ História verdadeira ☐ Mentira deslavada

ESTÁ NA HORA DE DAR UMA OLHADINHA NA MENTE HILÁRIA E UM TANTO ALEATÓRIA DO LOUIS TOMLINSON EM 140 CARACTERES.

🐦 Zap eu queria um cachorro-quente de nova york agora #zap

🐦 Um fato pouco conhecido sobre mim é que sou 1/16 belga

🐦 Estou tão pra baixo agora só quero um pouco de cereal! :(

🐦 ei batata

🐦 dançando em silêncio.....shhhh

🐦 Zayn está usando roupa listrada!!! Sinto que estão me copiando!!

🐦 ODEIO TRÂNSITO!! BLAAHHHHHHHH

🐦 Hora da soneca revitalizante!!

🐦 Tendo o dia mais incrível e preguiçoso, assistindo *Harry Potter*

🐦 Tem algo melhor na TV do que Friends???

🐦 Sei do fundo do meu coração que o Cyberpunk está assistindo a tudo isso de algum lugar, talvez de um mundo paralelo.

VOCÊ É NOTA 10 QUANDO SE TRATA DE SABER TUDO SOBRE O LOUIS? DESCUBRA COM ESTE TESTE: MARQUE OS QUADRADINHOS AO LADO DOS FATOS QUE VOCÊ JÁ CONHECIA. NÃO VALE ROUBAR, HEIN? QUANDO TERMINAR, CONFIRA A PONTUAÇÃO DE SUPERFÃ NA **PÁGINA 24** E VEJA COMO VOCÊ SE SAIU.

☐ O nome completo do Louis é Louis William Tomlinson.

☐ O Louis é de Doncaster, South Yorkshire, Inglaterra. Ele nasceu em Doncaster, mas a família morou em Poole, perto de Bournemouth, por algum tempo, quando ele tinha 4 anos.

☐ Quando o Louis fez sua primeira audição para o *X Factor*, em 2009, ele não passou para a segunda fase. Mas não desistiu, e voltou com tudo no ano seguinte. A dedicação valeu a pena, quando ele e os outros garotos foram reunidos em uma banda na fase do bootcamp.

☐ Ele adora tudo que tem camarão: "Sanduíche de camarão com batatas fritas sabor camarão é o máximo, podem acreditar," ele disse aos fãs em uma Twittercam.

☐ O ruído de Directioners gritando fez o Louis perder a audição no ouvido direito por um breve período de tempo.

- [ ] Os rapazes do 1D são muito amigos, mas o melhor amigo do Louis na banda é o Harry. Eles moraram juntos por um tempo depois do *X Factor*.

- [ ] O Louis admite que a primeira celebridade por quem teve uma quedinha foi Emma Watson. Ela chamou sua atenção no primeiro filme do Harry Potter.

- [ ] O Louis quebrou o pulso duas vezes. Uma quando estava jogando futebol e outra porque uma cadeira dobrável desabou quando ele estava sentado, e imprensou seu pulso. Ai!

- [ ] O Louis é cheiroso do jeito errado, de acordo com o colega de banda, o Niall: "Ele usa tênis sem meias, então os pés dele suam muito," revelou o Niall. "Se estamos em um ônibus e ele tira os sapatos, a gente quase vomita."

- [ ] Durante a etapa da casa dos jurados do *X Factor* na Espanha, o Louis pisou em um ouriço-do-mar e foi parar no hospital. O pé ficou muito inchado, mas felizmente ele conseguiu se apresentar para Simon Cowell com os outros garotos.

- [ ] Ele odeia que lhe façam cócegas.

☐ O lugar mais estranho em que o Louis acordou foi no aeroporto de Doncaster depois de ter passado a noite em uma festa na casa de um amigo. Ele disse que se lembra de ter andado até lá, mas não sabe o motivo!

☐ Quando perguntaram como ele gastaria o dinheiro ganho com o suor do seu trabalho, o Louis disse que gostaria de adotar um chimpanzé e "construir uma amizade eterna". Sendo propenso a macaquices como ele é, os dois teriam muito em comum!

PONTUAÇÃO DE SUPERFÃ

0-4 pontos
Você é iniciante no Tomlinson e ainda tem muito a aprender sobre o Louis, mas não se preocupe. Essa matéria não cansa nunca.

5-9 pontos
O Louis, definitivamente, é o seu integrante favorito do 1D, mas para você ainda há um certo ar de mistério com relação a ele. Aproveite para descobrir o máximo que puder sobre o cara.

10-13 pontos
Uau! Você é mesmo Superfã. Como recompensa pela sua dedicação, assista a mais clipes do 1D!

Favoritos

VOCÊ NÃO TEM DÚVIDA DE QUE O LOUIS É O SEU INTEGRANTE FAVORITO DO ONE DIRECTION, MAS SABE QUAIS SÃO AS COISAS FAVORITAS *DELE*? FAÇA ESTE TESTE PARA DESCOBRIR E DEPOIS CONFIRA AS RESPOSTAS NA **PÁGINA 106**.

1. Ele gosta de usar cores vivas e ousadas, mas qual é a cor favorita do Louis?
  a. Verde
  b. Azul
  c. Vermelho

2. Que música do One Direction o Louis mais gosta de cantar?
  a. "Up All Night"
  b. "Live While We're Young"
  c. "One Thing"

3. Antes do *X Factor*, o Louis fez curso de atuação e teve pequenas participações em programas de TV. Quem é o ator favorito dele?
  a. Tom Cruise
  b. Leonardo DiCaprio
  c. Ryan Gosling

EU AMO O LOUIS

4. A agenda frenética da banda mostra que os garotos não têm muito tempo para si mesmos. Quando o Louis consegue uma folga, seu jeito preferido de relaxar é:

a. Estar com amigos

b. Fazer longas caminhadas sozinho

c. Visitar galerias de arte

5. O Louis teve a sorte de viajar pelo mundo inteiro com o One Direction. Qual é o país favorito dele?

a. Canadá

b. França

c. Austrália

6. Qual é o tipo de queijo predileto do Louis?

a. Cheddar

b. Edam

c. Parmesão

7. Qual destes filmes é o eterno favorito do Louis?

a. A fantástica fábrica de chocolate

b. Grease - Nos tempos da brilhantina

c. A noviça rebelde

8. Quando o Louis quer comer alguma coisa, que restaurante ele prefere?

a. Pizza Hut

b. Nando's

c. Burger King

9. Desde que entrou para o One Direction, o Louis foi a vários lugares, mas ele diz que prefere viajar de:
a. Trem
b. Avião
c. Carro

10. Ele não tem muita oportunidade de ver televisão, mas quando consegue, seus programas favoritos são:
a. *One Tree Hill* e *Skins*
b. *One Tree Hill* e *Os Simpsons*
c. *Os Simpsons* e *Skins*

11. De qual parte do próprio corpo o Louis mais gosta?
a. Cabelo
b. Olhos
c. Boca

12. Qual é a banda favorita do Louis?
a. *The Fratellis*
b. *The Fray*
c. *The Feeling*

EU AMO O LOUIS

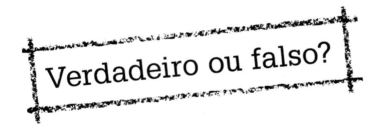

LEIA ESTAS AFIRMAÇÕES SENSACIONAIS E CONCLUA SE ELAS SÃO VERDADEIRAS OU FALSAS. CASO SEJAM FALSAS, VOCÊ SABE A QUAL INTEGRANTE DA BANDA ELA SE REFERE? ENTÃO ESCREVA O NOME DELE NA LINHA PONTILHADA. AS RESPOSTAS ESTÃO NA **PÁGINA 106**.

1. O Louis tem medo de colheres.

☐ Verdadeiro

☐ Falso. É o ....

2. Antes de entrar para a banda, o Louis não tinha passaporte.

☐ Verdadeiro

☐ Falso. Era o ....

3. Se o Louis tivesse um superpoder, seria a capacidade de voar.

☐ Verdadeiro

☐ Falso. É o ....

EU AMO O LOUIS

4. O Louis tem um par especial de meias brancas que, segundo ele, são seu amuleto da sorte.

☐ Verdadeiro

☐ Falso. Quem tem é o ....

5. O Louis tem um talento secreto para fazer malabarismo.

☐ Verdadeiro

☐ Falso. É o ....

6. Se o Louis não estivesse no One Direction, ele teria estudado para ser professor de teatro.

☐ Verdadeiro

☐ Falso. O .... é que teria.

7. O Louis tem um polegar muito flexível e assustava as irmãs deslocando o dedo e o recolocando no lugar.

☐ Verdadeiro

☐ Falso. Quem tem é o ....

8. De acordo com o Niall, o Louis tem o maior chulé da banda.

☐ Verdadeiro

☐ Falso. Quem tem é o ....

9. Os outros integrantes do 1D disseram que o Louis era muito calado quando eles se conheceram, mas isso não durou muito!

☐ Verdadeiro

☐ Falso. Era o ....

10. O Louis sabe tocar um instrumento chamado kazoo.

☐ Verdadeiro

☐ Falso. É o ....

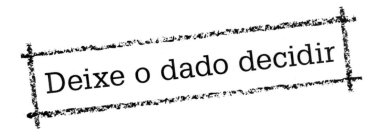

É HORA DE OLHAR PARA O FUTURO E DESCOBRIR QUAL SERÁ O SEU DESTINO COM O LOUIS. PARA ISSO, BASTA JOGAR O DADO ALGUMAS VEZES. O QUE VOCÊ ESTÁ ESPERANDO? VAMOS COMEÇAR.

1. Anote suas ideias de onde vocês vão se encontrar e o que vão fazer juntos no espaço onde está escrito "Sua escolha" para as categorias **A** até **E**.

2. Jogue o dado uma vez para cada categoria. O número que aparecer é a escolha que o dado fez para você.

3. Escreva o seu futuro com o Louis no quadro da página 33 e espere para ver se vai acontecer.

CATEGORIAS
A. Onde você e o Louis vão se encontrar:
1. No parque **2.** Nos bastidores de um show do 1D
3. Na seção de hortifruti de um supermercado
4. Em uma viagem de férias **5.** Na gravação de um clipe
6. (Sua escolha) ....
....

B. O que vocês vão fazer juntos:
1. Dar uma festa **2.** Se divertir em um parque de diversões **3.** Ir ao cinema **4.** Ter um jantar romântico **5.** Preparar cupcakes
6. (Sua escolha) ....

....

C. O que ele vai amar em você:
1. Seu estilo sensacional **2.** Seu papo divertido e inteligente **3.** Seu olhar sonhador **4.** Seu jeito travesso **5.** Seu sorriso atrevido
6. (Sua escolha) ....

....

D. O que ele vai te dar de presente:
1. Um dos pares de suspensórios dele **2.** Um carro antigo **3.** Um dia de compras **4.** Uma música que ele fez sobre você **5.** Uma foto autografada
6. (Sua escolha) ....

....

E. Para onde você e o Louis vão viajar:
1. Uma ilha do Caribe **2.** O Polo Norte **3.** Los Angeles **4.** A França **5.** Onde ele quiser
6. (Sua escolha) ....

....

O seu futuro com o Louis:

Vou conhecer o Louis ....

Nós vamos ....

Ele vai adorar meu ....
....

E vai me dar de presente ....

Vamos viajar para ....

——— EU AMO O LOUIS ———

O LOUIS JÁ DEU VÁRIAS ENTREVISTAS DESDE QUE ENTROU PARA O ONE DIRECTION. VOCÊ CONSEGUE ASSOCIAR AS PERGUNTAS ÀS RESPOSTAS A SEGUIR? CUIDADO, POIS EXISTEM ALGUMAS PERGUNTAS FALSAS. VEJA A **PÁGINA 106** PARA CONFERIR AS RESPOSTAS.

Respostas do Louis

1. "Jogando sorbet neles."

2. "Super Mario, porque ele é uma lenda."

3. "Uma omelete incrível."

4. "Uma planta."

5. "Jogamos cartas, PlayStation, conversamos e assistimos a filmes."

6. "Algo bem emotivo, como 'Who Knew', da Pink."

7. "Acho que eu sairia com a Susan Boyle."

Perguntas:

A. Se um louco roubasse todos os seus fãs, como você os reconquistaria?

B. Que música você teria cantado se tivesse estado entre os dois últimos finalistas do *X Factor*?

C. Qual é a primeira coisa que você faz quando chega em casa?

D. O que vocês fazem no ônibus da turnê para passar o tempo?

E. Se fosse o Simon Cowell por um dia, o que você faria?

F. Que personagem de televisão você seria?

G. O que você faria se alguém tentasse roubar sua coleção de roupas da Toms?

H. Qual seria a música da primeira dança do seu casamento?

I. Qual foi o melhor presente que você já ganhou?

J. Qual foi a coisa mais esquisita que você já comeu?

K. De quem você se vestiria em uma festa à fantasia?

L. O que você comeu no café da manhã hoje?

Anote suas respostas aqui:

1. ....

2. ....

3. ....

4. ....

5. ....

6. ....

7. ....

Os looks do Louis

A NOÇÃO DE ESTILO DO LOUIS É MAIS DO QUE CONHECIDA. AVALIE OS VISUAIS DELE COLORINDO AS ESTRELAS QUE APARECEM SOB CADA FRASE SEGUNDO O NOSSO ESTILÔMETRO.

ESTILÔMETRO

 Ele é um astro mesmo assim...

 Legalzinho

 Aí, sim!

 Sarado e gato

 Lindo, astro e poderoso!

Suspense!

O Louis adora um belo par de suspensórios para dar o toque final em um visual. O acessório é a cara dele: sofisticado e meio toque peculiar. O Louis arrasou no estilo retrô no 25th Annual Kids' Choice Awards em Los Angeles, quando usou uma camisa social branca clássica, calça de algodão creme e suspensórios listrados com detalhes dourados.

O fator uau!

Para sua primeira audição diante dos jurados do *X Factor*, o Louis escolheu o estilo geek chic. Ele usou jeans e cardigã cinza, camisa azul-clara e gravata preta. O cabelo dele estava comprido, e a franja, jogada para um lado. Adorável.

Ousadia

No MTV Video Music Awards de 2012 o Louis ousou em todos os elementos do visual. Usou uma camisa azul berrante abotoada até em cima com calças pretas e tênis All Star. Mas o choque da noite foi o cabelo, jogado para trás, formando um topete. Como você avalia isso: um visual de parar o trânsito ou um fracasso fashion?

Doido pelo macacão

Às vezes, o conforto vem antes do estilo, e o Louis não tem medo de admitir que seu guarda-roupa tem uma série de macacões. "Eu sei que eles geralmente não deixam ninguém lindo, mas são muito confortáveis." Às vezes, o Louis e o Harry usam até macacões iguais. Esse visual confortável e fofinho faz você babar pelo Louis, ou é um passo em falso?

Lindo e náutico

A marca registrada do Louis em termos de estilo são as blusas listradas navy. Um exemplo perfeito está no clipe de "What Makes You Beautiful", no qual ele usa camisa listrada branca com calça social vermelho-vivo dobrada acima do calcanhar, no estilo "pescando siri". Ahoy, Capitão Louis!

Louis tamanho grande

O Louis fez uma escolha interessante de visual quando os garotos do 1D estavam na correria em Londres fazendo vídeos promocionais para a turnê mundial.
Ele foi flagrado com uma roupa cheia de enchimentos que o deixaram gordo, oferecendo abraços grátis aos passantes. Você o ama mesmo assim ou prefere o Louis mais magrinho?

Medalha de ouro

Quando o One Direction se apresentou na cerimônia de encerramento das Olimpíadas de 2012, o visual do Louis, definitivamente, estava um arraso. Ele brilhou usando uma camisa azul com calça social cinza... "pescando siri", claro.

Largadão

O Louis é elegante na maior parte do tempo, mas há ocasiões em que prefere um visual mais largado. Uma vez ele foi fotografado no Aeroporto de Heathrow usando calça de pijama de quadradinhos, moletom de capuz vermelho-escuro e um gorro cinza largo. E mesmo malvestido ele conseguiu ficar lindo!

Camadas do Louis

É uma vergonha cobrir *qualquer* um dos traços lindos do Louis, especialmente os belos olhos azuis, mas ele fica maravilhoso de óculos escuros retrô, como no clipe de "Kiss You". Nem mesmo um gorrinho e um colete colorido conseguiram esconder o visual sedutor dele. Você adora o Louis vestido de espião dos anos 1970, ou tantas camadas de roupa escondem demais o seu integrante favorito do One Direction?

IMAGINE TER A OPORTUNIDADE DE SER ESTILISTA DO LOUIS POR UM DIA EM UMA SESSÃO DE FOTOS EXCLUSIVA PARA UMA DAS PRINCIPAIS REVISTAS DE MODA DO MUNDO. QUE VISUAL VOCÊ ESCOLHERIA PARA ELE?

Qual seria o tema da sessão de fotos? ....
....
Que roupas você escolheria para ele?..
....
Você acrescentaria algum acessório? Qual? ....
....
O que ele calçaria? ....
....
Qual seria o estilo do cabelo dele? ....
....
E o principal: como *você* se vestiria para impressionar nesse dia? ....
....

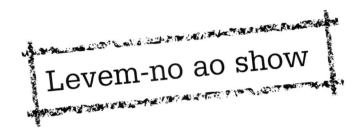

SE VOCÊ JÁ SONHOU EM TER UM ENCONTRO CASUAL COM O LOUIS, SEU DESEJO VIROU REALIDADE. LEIA A HISTÓRIA A SEGUIR E DECIDA NO FIM DE CADA PARTE O QUE FAZER DEPOIS. SERÁ QUE VOCÊ CONSEGUE LEVAR O LOUIS AO SHOW A TEMPO?

É uma tarde chata de domingo, e você está se sentindo particularmente deprê, porque sua boy band favorita, o One Direction, fará um show na cidade esta noite. Parece que os ingressos se esgotaram em milésimos de segundo, e, de toda a sua galera, só você não conseguiu comprar. Agora vai ter que escutar todo mundo passar dias falando dias como o Louis estava lindo no palco.

Justamente quando pensava que a vida não poderia ser pior, você recebe um banho de água suja de um skatista.

— Ei! Olhe por onde anda! E quem anda de skate usando alpargata, afinal? — você grita quando ele passa.

O garoto para e dá meia-volta, se aproximando de skate.

— Mil desculpas, eu não vi você — ele explica.

Enquanto o garoto se aproxima, você o acha familiar. A blusa listrada, os suspensórios, a calça social dobrada "pescando siri". Será que... Não, não poderia ser. OMG, é ele! É o Louis Tomlinson!

Ele sorri, e você fica ali, totalmente em choque. Tenta dizer algo, mas as palavras não saem. Enquanto continua parecendo um peixinho dourado, um grupo de garotas histéricas surge na esquina. A notícia de que havia uma grande celebridade na cidade está se espalhando rapidamente.

O Louis se esconde atrás de uma caçamba de lixo e pega você pelo braço antes que alguém o veja.

— Nosso ônibus de turnê enguiçou, e me perdi dos outros garotos na confusão, mas preciso chegar ao local do show e achei que este fosse o jeito mais rápido, mas não tenho ideia de onde estou. E adoro nossos fãs, mas se me pegarem agora nunca vou chegar a tempo. Você pode me ajudar? — explica o Louis.

Você ainda não disse uma palavra, e o cantor do 1D parece preocupado.

— Você está bem? Seu rosto está meio pálido.

Vamos, componha-se, diz sua voz interior.

— É... Hum... É... Sim, estou bem. Claro. Desculpe, sim. Quer dizer, claro que posso ajudar.

EU AMO O LOUIS

Vamos primeiro ao mais importante: você precisa ajudar o Louis a escapar da multidão de superfãs, que só aumenta. Um plano muito inteligente será necessário.

O que você faz?

1. Convence o Louis a pular na caçamba de lixo e o empurra para um parque ali perto, bem tranquilo e seguro. Leia a parte **A** a seguir.

2. Mostra ao Louis uma rota de fuga passando por um café ali perto. Leia a parte **B** na **página 51**.

A. Por sorte a lixeira está vazia e é grande o bastante para caber um garoto e um skate. Você começa a empurrá-la na direção do parque, mas ela é mais pesada do que você imaginava e, para piorar, a multidão de fãs lança olhares suspeitos na sua direção. Você não sabe se ri ou se chora. Afinal, está carregando o Louis Tomlinson em uma caçamba de lixo. Isso está mesmo acontecendo?

— Está fedendo um pouco aqui. Já posso sair? — resmunga o Louis depois de dez minutos.

— Acho que sim, nós os despistamos — você diz, ofegando.

Ele coloca a cabeça para fora da lixeira e vê que a multidão está bem longe. Quando sai de lá e vê você, os dois começam a rir.

O que você faz?

1. Sua bicicleta está presa com corrente no parque. Se decidir levar Louis na garupa até o local do show, leia a parte **A1** a seguir.

2. Você poderia conseguir uma carona com a sua mãe. Ela vai passar ali perto de carro em breve, voltando do trabalho. Se esta parece ser uma boa ideia, leia a parte **A2**, na **página 46**.

A1: O Louis, sempre cavalheiro, faz questão de pedalar e deixa você ficar na garupa. Basta indicar o caminho a ser seguido e cuidar para que vocês não sejam vistos. Não é a forma mais confortável ou luxuosa de viajar, mas você nem liga. Tudo é muito surreal. Com o vento bagunçando seu cabelo, você começa a devanear...

... Opa! Você se distrai, e o Louis passa da rua em que deveria entrar à esquerda. Vocês estão presos em uma rua de mão única. Para piorar tudo, é uma ladeira, e o Louis está começando a ficar da mesma cor da calça social que está usando: vermelho!

— Assim eu não vou ter fôlego para cantar — diz ele.

O que você faz?

1. Se largar a bicicleta e chamar um táxi, rezando para o Louis ter dinheiro no bolso, leia a parte **A1a** na **página 47**.

2. Se você entrar em uma loja para comprar uma bebida para ajudar o Louis a se recuperar, leia a parte **A1b** na **página 48**.

A2: Nesse exato momento você vê o carro velho da sua mãe passando e começa a acenar loucamente para chamar a atenção dela.

O carro passa direto, mas quando você acha que perdeu a oportunidade, ela pisa fundo no freio e começa a dar ré na sua direção.

— Não se preocupe. Agora você realmente vai chegar lá — você garante ao Louis.

Sua mãe pula do carro, e você nunca a viu andar tão rápido.

— Louis, querido, é você? — ela grita.

— Mãe! Por favor, agora nããããão! — você resmunga.

Mas sua mãe não ouviu uma palavra. Ela quase joga uma câmera em cima de você.

— Ei, você! Tire uma foto do Louis comigo. Minha filha nunca vai acreditar nisso!

— MÃE! Eu SOU a sua filha. E nós precisamos de ajuda! — você grita.

O que você faz?

1. Se você se joga no carro e diz para a sua mãe dirigir até o local do show a toda velocidade, leia a parte **A2a** na **página 49**.

2. Se você convence a sua mãe a emprestar o carro ao Louis, leia a parte **A2b** na **página 51**.

A1a: Você consegue chamar um táxi, mas quando o Louis vai abrir a porta para você alguém pega a maçaneta ao mesmo tempo. Você vira, dá de cara com uma grávida e sabe que vai ter que deixá-la pegar o táxi. O tempo está se esgotando. Não há como fazer o Louis chegar ao show a tempo.

— Para onde você está indo? — pergunta o Louis à moça.

— Vou ver uma boy band famosa da qual as pessoas não param de falar. Um amigo do trabalho me deu o ingresso. Não sei muito sobre eles, mas parece que são incríveis.

— Parece que estamos indo na mesma direção — diz o Louis. Ele dá uma piscadela marota para você, e seu estômago faz piruetas. — Você se incomoda de dividir o táxi?

O Louis ajuda a moça a entrar no táxi, e você vai logo atrás, dizendo ao motorista para ir ao local do show o mais rápido possível. Vocês chegam lá em cima da hora.

O Louis fala com o segurança na entrada, que ajuda a grávida a sair do carro e entrar pela porta reservada aos artistas para não precisar enfrentar a fila.

— Bom, então tchau, né? Boa sorte com o show — você diz ao Louis, já dando meia-volta para ir embora.

— Acho que não é bem assim — ele responde, segurando a sua mão. — Venha comigo.

Ele leva você para os bastidores, de onde você vê o show inteiro, a poucos metros da banda. É tão incrível quanto você imaginou.

Depois do show e de ter conhecido todos os garotos do 1D, o Louis pede que um carro te deixe em casa. A empolgação é tanta que só depois você nota a grávida que os levou ao show esperando em uma longa fila de táxis fora do estádio. Parece justo oferecer uma carona a ela.

— Muito obrigada. Foi sensacional, não foi? Decidi batizar meu filho com o nome de um dos garotos da banda. Quais eram os nomes, mesmo? Ah, sim: Shane, Leo, Barry, Nigel e...

— Desculpe! Eu vou descer aqui! — você grita e sai correndo do carro antes que ela possa dizer outra palavra. Afinal, o dia foi perfeito, por que estragá-lo agora?

FIM

A1b: Você corre para a loja mais próxima e compra um energético para o Louis, mas quando volta para encontrá-lo vê apenas a bicicleta encostada em um muro. Você se sente muito mal. Parece que ele achou que você não estava ajudando, e fugiu na primeira oportunidade. Ou pior... vai ver ele passou mal e alguém chamou uma ambulância. Seja como for, você sente que fez besteira. O dia estava péssimo, aí algo incrível aconteceu, e depois ficou péssimo de novo.

Empurrando a bicicleta lentamente pela rua estreita, você mal consegue ver por onde está indo, pois as lágrimas atrapalham sua visão. E você nem pode ligar para um amigo, porque todos estão no show para a melhor noite da vida deles.

De repente, você ouve um assobio quando chega à rua principal. É o Louis, acenando de um táxi e gritando:

— Ei! Olhe quem eu achei... Você vem?

Pela segunda vez no mesmo dia você fica sem palavras:

— Quem... Eu... O que... Mas... Achei que você tinha ido embora! — reclama você.

— E deixar você para trás, depois de tudo o que fez para me ajudar? — responde o Louis, sorrindo. — Você não quer assistir ao show?

OK, este é oficialmente o dia mais constrangedor da sua vida. Pela terceira vez você não consegue pensar em algo para dizer. Claro que também é oficialmente o melhor dia da sua vida, FATO. Engraçado como as coisas mudam!

FIM

A2a: Que mico! Sua mãe faz você passar vergonha a viagem inteira, contando para o Louis que você tira notas altas em francês, que o seu nariz descasca no verão e que gosta de fazer sanduíches de ketchup. Ela até tira do porta-luvas uma foto sua quando era bebê.

— Awww, você era um bebê fofo! — baba o Louis, sorrindo ao ver suas bochechas vermelhas. Você queria que o chão se abrisse só para entrar no buraco nesse momento.

Felizmente, vocês logo chegam ao local do show.

— Então tchau, né? — você murmura, mas Louis ri.

— Está brincando. Deixar quem me salvou de fora? Você vai para os bastidores comigo, e isso vale para a minha motorista também!

Você e sua mãe seguem o Louis ao camarim do One Direction. Para a sua surpresa, quem recebe vocês são cinco moças... levemente maduras. O quê? Onde estão os caras do 1D?

Louis vê a sua cara de "não estou entendendo" e explica:

— Eu conheci a sua mãe, agora você pode conhecer as nossas! Tenho que fazer a passagem de som, mas te procuro depois do show.

As mães não demoram a colocar uma xícara de chá na sua mão e a falar com a sua mãe sobre os filhos. Temendo que outras histórias de família acabem surgindo, você anda pela sala para não ouvir a conversa.

Alguns álbuns de fotografias estão em cima da mesa, e você folheia as páginas distraidamente. A primeira imagem que nota é do Louis. É de bom gosto, mas não há como fugir de um fato: ele está pelado! OMG, você mal pode esperar para contar a todo mundo sobre o seu dia incrível, incluindo a foto. E decide que talvez possa se esquecer de mencionar um pequeno detalhe: na foto, ele está lindo, sorrindo... e tem 3 meses de idade.

FIM

A2b: Você joga o Louis no banco do motorista antes de pular e fechar a porta.

Ufa, vocês estão a caminho! O carro velho faz vários barulhos pela estrada, parecendo um canguru com soluços.

— Desculpe! Não estou conseguindo pegar o jeito — diz Louis.

Você está rindo tanto que mal consegue garantir a ele que tudo vai ficar bem.

— Alguém já te disse que você tem uma risada maravilhosa? Adorei — elogia o Louis enquanto tenta se acertar com as marchas.

O resto da viagem de carro com o Louis é incrível. Ele fala sobre a vida dele, e você diz que ele sempre foi seu favorito no 1D. Enquanto o Louis estaciona na vaga VIP no local do show, você mal consegue olhar pela janela por causa de tantos flashes. Um segurança os ajuda a sair do carro e a passar pela multidão, indo até a porta reservada aos artistas.

— Rápido, é o Louis e sua nova namorada! — grita o jornalista.

O Louis olha para você, e um sorriso lento se espalha pelo rosto dele. Uau!, este já estava sendo o dia mais legal de todos... E acabou de ficar ainda melhor.

FIM

B: — Venha comigo — você diz ao Louis, correndo para a porta dos fundos do café onde trabalha aos sábados.

Seu chefe, Luigi, que está lavando o chão, olha surpreso quando você entra correndo.

— Explico na semana que vem! E, aliás, você se esqueceu de limpar aquele pedacinho ali! — aponta você, aos gritos e com um sorrisão.

O Louis dribla o esfregão como um medalhista olímpico e segue você pela porta da frente. Rindo, ele diz:

— Nossa você é uma pessoa tão doida quanto eu. Estou impressionado!

Ah, se ele soubesse o que você está planejando a seguir!

Se você decidir:
1. Ir a uma loja de roupas chiques, leia a parte **B1** a seguir.
2. Trocar de roupa com o Louis, leia a parte **B2** na **página 53**.

B1: Você entra correndo pela porta da loja de roupas chiques que fica aberta 24 horas e dá de cara com um cabide giratório cheio de perucas loucas e barbas falsas. Enquanto tenta catar tudo o que derrubou no chão, o Louis tem outras ideias.

— O que você acha? — Ele sorri, posando com uma peruca laranja-cheguei com mullet e bigode roxo. — Para mim, ganha de longe do cabelo do Harry.

Ele tira a peruca e joga na sua direção, de brincadeira. Você desvia, e ela cai no penteado já bastante complexo da vendedora da loja, que faz cara feia atrás do balcão.

— Chega de palhaçada — você diz, tirando da arara uma fantasia de pirata. — Que tal esta? Combinaria perfeitamente com as suas camisas navy.

Enquanto o Louis paga a fantasia, você olha pela janela e nota que uma multidão está se formando lá fora. Nesse momento, um palhaço entra na loja, dizendo:

— Está uma loucura lá fora. Aparentemente, tem alguém famoso na cidade. Mal consegui parar meu trailer do circo por causa do monte de garotas gritando.

— Só há uma coisa a fazer — diz o Louis, com um brilho malicioso nos olhos. — O tempo está se esgotando...

Se o Louis decidir:
1. Pedir ajuda ao palhaço, leia a parte **B1a** na **página 54**.
2. Ligar para o gerente de turnê, leia a parte **B1b** na **página 55**.

B2: — Vamos trocar de roupa! — Enquanto as palavras saem da sua boca, você subitamente sente que essa é a ideia mais louca que já teve e tapa o rosto com as mãos, morrendo de medo da resposta dele.

Abrindo uma fresta entre os dedos, você nota que o Louis já está tirando a camiseta navy. Sorrindo, ele diz:

— Outra grande ideia.

Em pouco tempo vocês estão em um ponto de ônibus, e os suspensórios do Louis machucam os seus ombros. Ele usa o seu vestido de bolinhas e seus óculos escuros. Louis está ridículo, mas por incrível que pareça continua muito gato.

O ônibus chega depois de uma curta espera, e você chama o Louis imediatamente, fazendo piada:

— Venha, *Louise*, este vai nos levar direto ao local do show.

O que você faz?
1. Se vocês saltam no antigo teatro na cidade, leia a parte **B2a** na **página 56**.
2. Se vão para o estádio de futebol, leia a parte **B2b** na **página 57**.

B1a: O palhaço ri do pedido do Louis.

— Queria poder ajudar, mas já estou indo para casa, desculpe.

— Por favor — o Louis implora —, nos dê uma carona, e eu arrumo um lugar para você no palco. Imagine só se apresentar para milhares de pessoas... Pode ser a sua oportunidade de estourar.

— Sempre fico feliz em ajudar um colega artista. — O palhaço sorri.

Os três correm para fora da loja e entram no trailer. Enquanto o Louis e o palhaço trocam ideias de pegadinhas, você divide o banco de trás com um cachorro entediado vestindo uma roupinha de bobo da corte.

Em pouco tempo, o pirata Louis está levando você, o palhaço e o cachorro até um segurança de olhar perplexo no camarim.

— Encontro vocês antes do início do show — ele diz, levando o palhaço embora. — Você pode assistir dos bastidores.

Pela primeira vez, você tem uma oportunidade de respirar. "Isso foi uma loucura tão grande que devo estar sonhando," você pensa. E não pretendo acordar... NUNCA MAIS.

FIM

B1b: A gerente de turnê do Louis chega depois de pouco tempo, já dando bronca:

— Onde você se meteu, afinal? — diz ela, abrindo a porta do carro. — Sinceramente, vocês ainda vão acabar comigo.

— Desculpe, Gemma — diz o Louis. — Não, espere! Não vá! Tem alguém especial que eu gostaria de apresentar. É uma pessoa que está sendo maravilhosa hoje, até me salvou de uma multidão enlouquecida.

Seu rosto queima de vergonha, mas Gemma dá um sorriso simpático e diz:

— Então é melhor você vir também. Pode me ajudar trabalhando de assistente por um dia, se quiser. Eu bem preciso de mais alguém para ficar de olho nos garotos.

Sem caber em si de felicidade, você, obviamente, aceita:

— Eu adoraria ajudar. Se o Louis não se importar, é claro.

O Louis olha diretamente para você, com seus grandes olhos azuis, e está claro que ele não se importa. Não se importa nem um pouquinho...

FIM

B2a: A viagem de ônibus transcorre tranquilamente, e vocês chegam ao teatro com tempo de sobra para ficar à toa. É um lugar lindo, e fica ainda melhor com o pôster imenso dos garotos na fachada.

O Louis conduz você escada acima e pelo corredor. De repente, você ouve um riso agudo.

— Cara, esqueça as listras! Bolinhas, definitivamente, ficam lindas em você!

Você vê o Harry e o Niall rolando de rir do Louis usando o seu vestido.

O Louis te olha, e vocês dois têm um ataque de riso. Sem dúvida, esse foi o dia mais engraçado da sua vida.

FIM

B2b: O ônibus fica preso no trânsito. Você não consegue parar de mexer no cabelo, é um hábito antigo que aparece quando bate o nervosismo. O Louis tenta acalmar você:

— Não se preocupe, agora vai dar tudo certo.

— Eu devia ter notado que era uma péssima ideia. Você vai perder o show e vai ser tudo culpa minha — lamenta.

— Que bobagem. Eu nem quero pensar no que aconteceria se não fosse você.

Enfim, o ônibus entra no estádio, e o Louis desce.

— Os garotos estão prestes a entrar, preciso ir. Espere por mim depois do show. Tenho uma surpresa para você! — ele grita.

— Espere, Louis! — você berra, mas a voz é afogada pelos gritos da multidão. — Você ainda está usando o meu vestido...

FIM

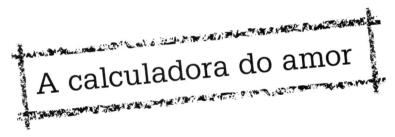

UMA FORMA RÁPIDA E DIVERTIDA DE DESCOBRIR SE VOCÊ E O LOUIS FORAM FEITOS UM PARA O OUTRO.

Escreva o seu nome e o dele com a palavra LOVES (ama, em inglês) no meio. Depois anote quantas vezes as letras L, O, V, E e S aparecem no seu nome e no dele, mas não conte as letras da palavra LOVES que está no meio! Some os pares de números: o primeiro com o segundo, o segundo com o terceiro e por aí vai, até chegar a uma "porcentagem" final, que indica a probabilidade de você ser a garota dos sonhos do Louis.

Veja um exemplo:

São dois Ls, quatro Os, nenhum V, um E e dois Ss.

Anote assim: 2 4 0 1 2

Some cada par de números até restarem apenas dois:

              2 4 0 1 2
               6 4 1 3
                10 5 4
                  1 5 9
                  6 1 4
                  75%

ELE ILUMINA O SEU MUNDO COMO NINGUÉM MAIS CONSEGUE, E O SENSO DE HUMOR INTELIGENTE E O ESTILO SENSACIONAL DELE DEIXAM VOCÊ DE PERNAS BAMBAS. MAS O QUE MOTIVA O LOUIS? VEJA AQUI AS IDEIAS DELE SOBRE AMOR, ROMANCE E O QUE ELE PROCURA EM UMA GAROTA.

Cozinhar não é o forte do Louis, mas ele não deixa isso atrapalhar o romantismo:

"Não cozinho bem. Nunca cozinhei, mas uma vez fiz comida [para uma garota]... frango recheado com muçarela, enrolado em presunto de Parma, com purê de batatas feito em casa."

Ele não precisa se esforçar para atrair a atenção feminina, mas quando está tentando impressionar alguém, o Louis faz o que sabe melhor: conta boas piadas.

"Se você fizer uma garota rir, já é meio caminho andado."

É difícil acreditar, mas o Louis admite ter sido abandonado por uma garota... Quando tinha 12 ou 13 anos.

"Eu estava saindo com uma garota de quem eu realmente gostava... Depois de algumas semanas, ela decidiu terminar porque, aparentemente, eu não era bonito o bastante."

O Louis é um verdadeiro cavalheiro quando se trata de namoro e prefere ir devagar para ter certeza de que está fazendo a coisa certa:

"Pode me chamar de careta e fora de moda, mas gosto de conhecer bem a garota antes de começar um relacionamento."

Para o Louis, os colegas de banda estão entre seus melhores amigos, e é essa amizade que mantém o One Direction forte, novo, cheio de energia e empolgado. O Louis dá a mesma ênfase à amizade quando se trata da vida amorosa.

"Acho que a chave para um bom relacionamento também é um ser o melhor amigo do outro."

No início do namoro, o Louis acha melhor seguir os métodos tradicionais e clássicos para impressionar alguém.

"Acho que você tem que seguir o padrão e ficar nas flores e nos chocolates."

E o encontro ideal para ele seria:

"Jantar e um filme... Boliche também é uma boa ideia."

Ele admite ter uma dose de confiança quando se trata de meninas, mas que em nada se comparada à de um certo colega do One Direction.

"Eu, definitivamente, diria que o Harry é o mais confiante com as garotas. [Ele tem] outro nível de charme."

Parece que o Louis gosta de garotas que tenham as mesmas qualidades que ele. Quando lhe perguntam o que procura em uma garota, o cantor responde:

"Gosto de uma garota que seja espontânea, tranquila, que não leve a vida muito a sério e tenha um bom senso de humor."

O fato de ter quatro irmãs fez o Louis ser carinhoso, sensível, e também lhe ensinou muito sobre as mulheres em geral.

"Acho que isso, definitivamente, me ensinou a ser mais paciente com as mulheres."

O Louis tem algumas ideias divertidas para um primeiro encontro nada convencional:

"Nunca fiz isso, mas seria ótimo tentar quebrar o gelo indo a um parque de diversões, porque, depois de andar em uma montanha-russa assustadora, você sabe que o gelo estará definitivamente quebrado."

Quando se trata de conquistar uma garota, o Louis revela que gosta de um pouco de desafio.

"Adoro. Se ela me rejeitou, eu continuo tentando, até ficar meio ridículo. Não sou daqueles caras que dizem: 'Ah, tudo bem. A gente se fala, então.' Sou meio ruim nisso."

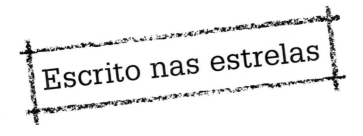

DESCUBRA O QUE O SIGNO DIZ A SEU RESPEITO E QUAL SERIA SEU PAPEL IDEAL NA VIDA DO LOUIS COM A AJUDA DESTE HORÓSCOPO DEDICADO A ELE.

 ÁRIES (21 de março a 20 de abril)
Você é uma pessoa que sempre acha que o copo está meio cheio, e pensamentos negativos não duram muito na sua presença. Em relação ao Louis, você poderia ser:

Motivador
Se o Louis ficasse triste, você seria a primeira pessoa a quem ele recorreria. Sua risada contagiante e sua vibração positiva o fariam pular de alegria no palco novamente em pouco tempo!

 TOURO (21 de abril a 21 de maio)
Você adora planejar tudo direitinho, nos mínimos detalhes, e busca a perfeição em tudo o que faz. Seu lado meio teimoso faz com que você não aceite um "não" como resposta, e geralmente consegue o que quer. Em relação ao Louis, você poderia ser:

Planejador de festas

Fã de diversão e também de organização, você é a pessoa ideal para planejar as festas sensacionais do Louis. Além disso, o seu imenso caderninho de endereços torna você a pessoa certa para montar a melhor lista de convidados do mundo.

★ GÊMEOS (22 de maio a 21 de junho)

Com toneladas de charme e carisma, você sempre deixa uma ótima impressão onde quer que vá. Seu amor pela fofoca mais recente e bombástica faz de você a pessoa certa para espalhar notícias sobre a melhor banda do mundo. Em relação ao Louis, você poderia ser:

Assessor de imprensa

Com vários amigos importantes e sua constante busca por oportunidades novas e empolgantes, você poderia garantir que a beleza do Louis ficasse na mídia o tempo todo.

CÂNCER (22 de junho a 23 de julho)

Leal, gentil e excelente ouvinte, você é a primeira pessoa a quem seus amigos recorrem quando têm um problema. Em relação ao Louis, você poderia ser:

Melhor amigo

Não importa quanto o Louis fique famoso, ele sabe que você sempre vai ajudá-lo a manter os pés no chão. Sua amizade vai além de continentes e fusos horários, então vocês podem se ajudar a qualquer hora, em qualquer lugar.

Jogo dos erros

Você consegue encontrar oito diferenças entre a foto de cima e a de baixo? Verifique as respostas no final do livro.

LEÃO (24 de julho a 23 de agosto)
Por ser alguém que dita moda e detecta as tendências, seus amigos sempre copiam o seu estilo! Você adora reinventar o visual e nunca fica com o mesmo corte de cabelo por muito tempo. Em relação ao Louis, você poderia ser:

Estilista
Com um bom olho para saber o que cai bem tanto em você quanto em outros superastros, você faria o Louis usar as roupas mais bacanas com o estilo mais sensacional no tapete vermelho ou fora dele.

 VIRGEM (24 de agosto a 23 de setembro)
Totalmente prática, você é uma pessoa que adora achar soluções criativas para os problemas e tem uma ótima memória para datas. Em relação ao Louis, você poderia ser:

Coordenador de shows
Seu olhar para os detalhes e sua capacidade de lidar com vários projetos ao mesmo tempo tornam você a pessoa ideal para organizar locais, planilhas e agendas. E o Louis te amaria por isso.

 LIBRA (24 de setembro a 23 de outubro)
Você é fácil de lidar e entende o ponto de vista de todo mundo, mas também pode mandar a real sem deixar ninguém chateado. Em relação ao Louis, você poderia ser:

Conselheiro

Quando precisar trocar ideias sobre escolhas profissionais ou problemas pessoais, o Louis vai saber que pode confiar na sua amizade e no seu bom-senso.

⭐ ESCORPIÃO (24 de outubro a 22 de novembro) ⭐

Como líder natural, ninguém melhor para dar orientação. Você é leal e gentil, mas pode ser uma pessoa meio controladora! Em relação ao Louis, você poderia ser:

Empresário

Fazer as coisas acontecerem é moleza, por isso você seria a pessoa ideal para guiar a brilhante carreira do Louis.

⭐ SAGITÁRIO (23 de novembro a 21 de dezembro) ⭐

Com muita energia, você é sempre a primeira pessoa a chegar e a última a sair da pista de dança para exibir seus novos passos. Em relação ao Louis, você poderia ser:

Coreógrafo

Os passos caprichados do Louis ficariam ainda melhores com a sua orientação. Além do mais, os ensaios seriam sempre divertidos!

⭐ CAPRICÓRNIO (22 de dezembro a 20 de janeiro) ⭐

Por ter uma boa cabeça para números, você está sempre em busca das melhores pechinchas, seja procurando a melhor promoção de celular ou reservando uma bela viagem de férias com os amigos. Em relação ao Louis, você poderia ser:

Contador
Ser bom em matemática e compras faz de você a pessoa ideal para gerenciar o dinheiro do Louis. Você o deixaria esbanjar e economizar na medida certa.

⭐ AQUÁRIO (21 de janeiro a 19 de fevereiro) ⭐
Com fama de tagarela, não há um momento do dia em que você não esteja ao telefone! Fã de um bom debate, você sempre chega ao fundo da questão. Em relação ao Louis, você poderia ser:

Entrevistador
Você é uma pessoa naturalmente inteligente e divertida, por isso o Louis não pararia de rir na sua entrevista. Certamente você o deixaria tranquilo e o faria demonstrar a pessoa maravilhosa que ele é.

⭐ PEIXES (20 de fevereiro a 20 de março) ⭐
Você vê beleza em tudo. Seu dia perfeito seria passado em galerias de arte ou mesmo criando a sua própria obra-prima. Em relação ao Louis, você poderia ser:

Maquiador
A incrível beleza do Louis não precisa de muita maquiagem, mas seu talento daria a ele um charme ainda maior.

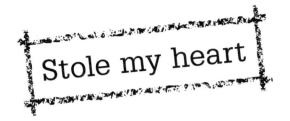

NO FUNDO, O LOUIS TEM CORAÇÃO MOLE E DEIXA BEM CLARO O SEU AMOR PELA FAMÍLIA, PELOS AMIGOS, PELOS FÃS E POR CAUSAS NOBRES. LEIA AS HISTÓRIAS SUPERFOFAS A SEGUIR E AVALIE CADA UMA PINTANDO OS CORAÇÕEZINHOS SEGUNDO O FOFÔMETRO A SEGUIR:

FOFÔMETRO

 Awww!

 Que gracinha!

 Superfofo!

 Overdose de fofura!

 Não aguento tanta fofura!

Sendo o mais velho da família, o Louis teve papel importante ao ajudar a mãe a cuidar das quatro irmãs mais novas. Isso lhe proporcionou um talento natural para lidar com crianças, o que já derrete qualquer coração. Ele não tem medo de admitir seu amor por crianças, mesmo sofrendo com as brincadeiras dos colegas de banda. "Eu adoro bebês e crianças. Definitivamente, vou querer ter filhos um dia, sem dúvida."

Em junho de 2012, o Louis fez de tudo para dar um aniversário inesquecível à namorada. Não só mandou para ela um incrível bolo de aniversário com tema da Disney como também organizou tudo para que a estrela pop favorita dela, a Rihanna, cantasse uma mensagem personalizada de feliz aniversário, que foi postada no YouTube.

O Louis mostrou seu lado sensível e carinhoso quando fez uma visita surpresa a Bluebell Wood, uma instituição médica para crianças com doenças terminais que ele ajuda. O bondoso rapaz deixou todos sorrindo quando passou algumas horas conversando com as crianças, posando para fotos e dando autógrafos. Depois da visita, o Louis disse: "Estou muito honrado por apoiar esta maravilhosa organização de caridade, e minha visita hoje foi emocionante demais... Encontrei pessoas verdadeiramente inspiradoras."

Os pais do Louis são divorciados, e ele tem uma relação muito próxima com a mãe. Em um vídeo emocionado, ele abre o coração quanto aos sentimentos de culpa e ansiedade que sentiu quando precisou deixá-la em casa e sair pelo mundo com a banda. "Deve ter sido muito mais difícil para ela, na verdade, porque estou levando esta vida fantástica, ocupado todos os dias... enquanto ela ainda está naquela vidinha de sempre, mas sem mim." Aww, não dá vontade de apertar?

Em outubro de 2012 o Louis organizou um jogo de futebol beneficente em sua cidade natal, Doncaster, a fim de arrecadar fundos para uma instituição local que atende crianças com doenças terminais. Nas semanas anteriores ao jogo ele trabalhou muito para conquistar apoio e vender ingressos.

No dia, os colegas de banda, o Liam, o Harry e o Niall, torceram para o Louis das laterais do campo. O Harry também tuitou uma mensagem de apoio: "Estou doido para ver @Louis_Tomlinson jogar em prol da Blue Bell Wood, é uma ótima causa. Ele trabalhou muito, e ainda há ingressos à venda!"

Quando o jogo terminou, o Louis postou uma mensagem emocionada para agradecer: "Não tenho palavras para agradecer a todos por terem vindo! Foi uma experiência que vou lembrar para o resto da minha vida!"

O Louis e os outros integrantes do 1D surpreenderam um grupo de fãs fingindo ser estátuas de cera da famosa atração turística de Londres, o museu Madame Tussauds. Os fãs foram escolhidos para receber esse prêmio especial por causa do trabalho que fizeram em prol de instituições de caridade. Os cinco ficaram lá paradinhos e ganharam vida no último minuto, dando o maior susto da vida dos fãs e tornando o dia inesquecível para eles.

A família significa muito para o Louis, e ele aproveita a oportunidade que tem para mimá-los. Segundo revelações feitas pela mãe, o Louis sempre quer pagar os passeios das irmãs com a escola e, se as ouve falando sobre roupas de que gostam, manda vouchers para que elas possam comprá-las. "Ele sempre foi assim. Não é materialista, mas gosta de dar presentes. Ele nos mima muito, fica feliz por fazer isso."

Quando perguntaram ao Louis o que ele gostaria de ganhar como presente de aniversário, ele disse ter apenas um pedido simples: "Acho que só amor e amigos... nunca vou precisar de mais nada."

Qual é a sua música-tema?

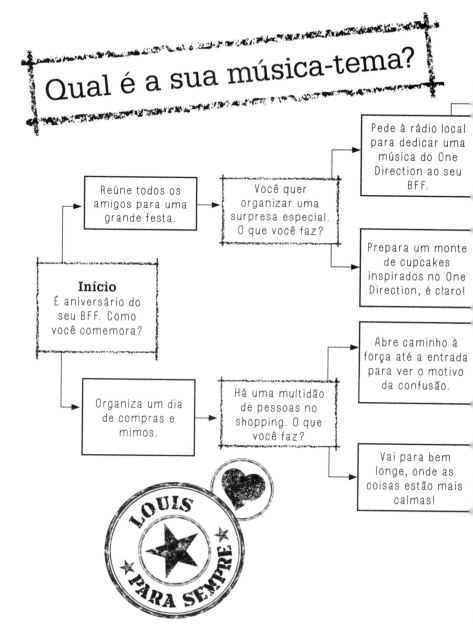

EU AMO O LOUIS

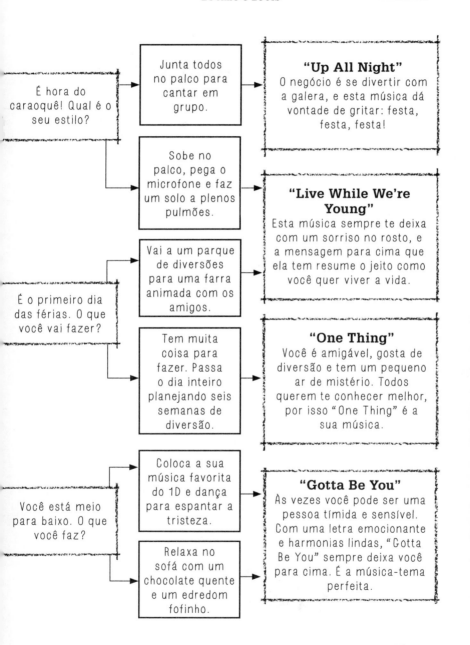

— 73 —

Seu dia perfeito

SE VOCÊ PUDESSE GANHAR DINHEIRO POR SONHAR COM O LOUIS, CERTAMENTE SERIA UMA PESSOA MILIONÁRIA. DESCREVA COMO SERIA O SEU DIA PERFEITO COM ELE. AONDE VOCÊS IRIAM? QUE ROUPA USARIAM? VOCÊ O APRESENTARIA AOS AMIGOS OU FICARIA COM O INTEGRANTE DO 1D SÓ PARA VOCÊ? ESCREVA TUDO AQUI (TEM ESPAÇO PARA CONTINUAR A SONHAR NA PRÓXIMA PÁGINA).

Precisa de ajuda para começar?
Tente responder às seguintes perguntas:

- Como o seu dia começaria?
- Desde quando você é fã do 1D?
- Do que você mais gosta no Louis?
- Quais são suas músicas favoritas do One Direction?
- Para onde você o levaria?
- O que ele estaria vestindo?
- O que vocês comeriam?
- O que você diria para ele?
- O que gostaria de perguntar ao Louis?
- O que gostaria que ele lhe perguntasse?
- Como o seu dia terminaria?

EU AMO O LOUIS

EU AMO O LOUIS

Encontro dos sonhos

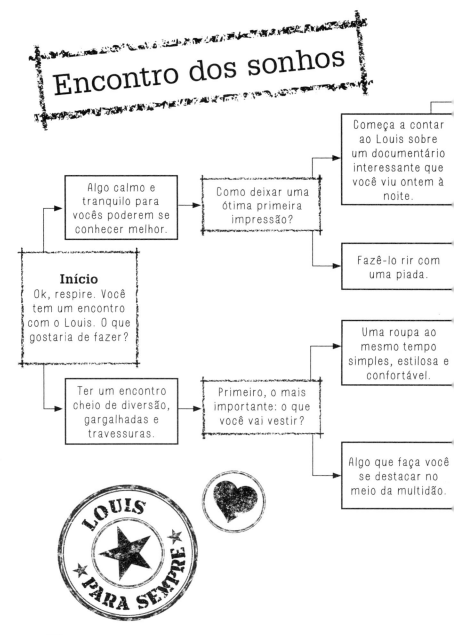

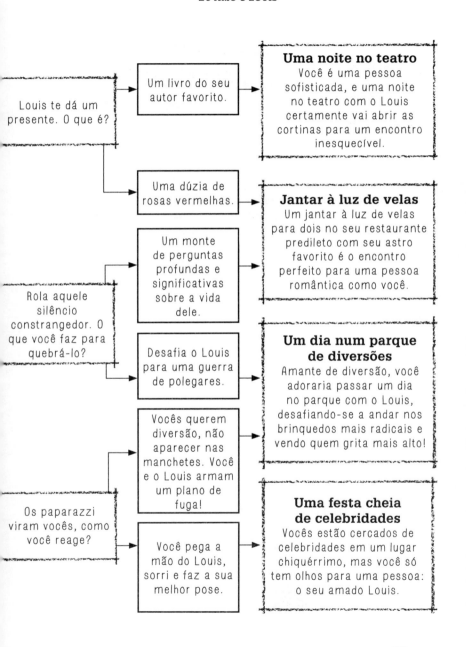

—— EU AMO O LOUIS ——

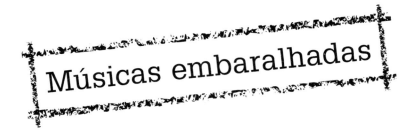

AH, NÃO! OS TÍTULOS DAS MÚSICAS DO ONE DIRECTION FICARAM TODOS CONFUSOS. VOCÊ CONSEGUE DESEMBARALHÁ-LOS A TEMPO PARA O LOUIS MEMORIZAR AS MÚSICAS QUE SERÃO TOCADAS PELO ONE DIRECTION NO SHOW DE HOJE À NOITE? AS RESPOSTAS ESTÃO NA **PÁGINA 107**.

1. PU LAL HTGNI

2. ISKS OUY

3. TLILTE NIHTSG

4. YVREENIHTG OTUAB YUO

5. TAWH EASKM UYO IULEBUATF

6. OTSEL YM EARTH

7. KATE EM EOMH

8. ATRHE KTATCA

9. VLIE HWEIL E'ERW NOUYG

10. I NAWT

11. ELTL EM A ELI

12. AMSE STKEIMAS

13. KABC ORF UOY

14. ESUMRM VELO

EU AMO O LOUIS

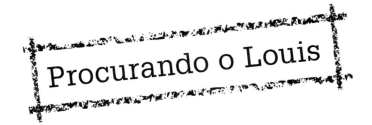

PROCURE EMBAIXO, EM CIMA, DA ESQUERDA PARA A DIREITA, DA DIREITA PARA A ESQUERDA E ATÉ NA DIAGONAL PARA ENCONTRAR PESSOAS, LUGARES, OBJETOS E MÚSICAS QUE SÃO MUITO IMPORTANTES PARA O LOUIS. EM QUANTO TEMPO VOCÊ CONSEGUE ENCONTRAR AS DEZ PALAVRAS A SEGUIR? SE VOCÊ EMPACAR, AS RESPOSTAS ESTÃO NA **PÁGINA 107**.

LOUIS TOMLINSON

DONCASTER

NIALL HORAN

ONE DIRECTION

HARRY STYLES

TOMS

LIAM PAYNE

ZAYN MALIK

SIMON COWELL

"ONE THING"

EU AMO O LOUIS

P	N	O	S	N	I	L	M	O	T	S	I	U	O	L
S	A	E	F	I	C	R	M	H	C	O	A	E	N	W
D	O	N	C	A	S	T	E	R	K	W	S	Y	E	S
N	H	C	E	L	E	A	I	H	O	S	C	V	T	I
O	O	D	L	L	E	W	O	C	N	O	M	I	S	P
I	O	L	M	H	A	R	R	Y	S	T	Y	L	E	S
T	Z	F	I	O	W	I	C	I	O	S	A	C	N	O
C	T	A	K	R	N	H	S	D	M	H	G	S	Y	W
E	A	E	Y	A	G	E	J	O	A	T	R	E	A	C
R	T	E	E	N	A	Q	T	S	N	K	I	L	P	D
I	A	L	E	R	M	K	E	H	C	G	C	T	M	L
D	S	D	T	J	G	A	E	D	I	N	M	A	A	I
E	F	I	I	T	D	B	L	D	H	N	L	E	I	A
N	N	S	H	G	V	H	N	I	D	F	G	B	L	T
O	L	C	W	K	B	H	I	G	K	C	S	O	N	U

EU AMO O LOUIS

OS MEIOS DE COMUNICAÇÃO DO MUNDO ADORAM AS NOTÍCIAS SOBRE O LOUIS, MAS, NA BUSCA POR MANCHETES CAPAZES DE CHAMAR A ATENÇÃO, ÀS VEZES OS JORNALISTAS VÃO LONGE DEMAIS. QUAIS DESTAS MANCHETES SÃO VERDADEIRAS E QUAIS SÃO INVENTADAS? CONFIRA COMO ANDA O SEU CONHECIMENTO SOBRE AS NOTÍCIAS RELACIONADAS AO SEU INTEGRANTE FAVORITO DO 1D NA **PÁGINA 108**.

"ALFACE OCULTA!"
O Louis revelou que tem uma grave alergia a alface. Primeiro seus pais achavam que ele não queria comer verduras, mas um teste revelou que ele era realmente alérgico a folhas. Como piada, os outros integrantes do 1D, às vezes, colocam uma alface na cama dele com uma carinha raivosa desenhada.

☐ Notícia verdadeira   ☐ Mentira deslavada

"ABRAÇOS GRÁTIS SÓ POR HOJE"
Transeuntes no norte de Londres pararam quando viram um Louis imenso balançando as banhas pelas ruas, oferecendo abraços grátis. Ele dobrou de tamanho da noite para o dia? Seria ele o primeiro homem grávido?

Nada disso: na verdade, ele estava usando uma roupa falsa de gordo, e tudo estava sendo filmado para um vídeo promocional da próxima turnê da banda.

☐ Notícia verdadeira   ☐ Mentira deslavada

"GUERRA DE COMIDA GERA CAOS EM MASSA"
Uma grande guerra de comida aconteceu no camarim do One Direction depois que o Louis arremessou um resto de maçã de longe e errou a lixeira. Em seguida, a banda começou a jogar todos os pedaços de frutas que viram pela frente. "Havia um monte de laranjas pelo chão e pedaços de pera pela mesa inteira", disse o Louis. Quando o assistente do gerente de turnê perguntou sobre a bagunça, ele alegou não saber o que havia acontecido.

☐ Notícia verdadeira   ☐ Mentira deslavada

"EM GUARDA!"
O Louis fazia parte da equipe de esgrima da Grã-Bretanha na categoria Sub-15, e a certa altura ele foi cotado para competir nas Olimpíadas. Ele decidiu abandonar o esporte para se concentrar na carreira musical.

☐ Notícia verdadeira   ☐ Mentira deslavada

"O QUE FAZ VOCÊ DIRIGIR TÃO DEVAGAR?"
O Louis foi parado pela polícia em Los Angeles durante as gravações do clipe de "What Makes You Beautiful" porque estava dirigindo a kombi devagar demais. Felizmente, ele só levou uma advertência.

☐ Notícia verdadeira   ☐ Mentira deslavada

"LOUIS REVELA QUEM SERIA A COMPANHIA PERFEITA PARA UM JANTAR"

O Louis revelou que se pudesse convidar alguém para jantar seria um habitante do Egito antigo. "Eu perguntaria como eles construíram as pirâmides, aprenderia mais sobre os rituais e sobre como eles descobriram remédios. Eu adoraria saber tudo isso," explicou ele.

☐ Notícia verdadeira ☐ Mentira deslavada

"LOUIS PÕE O BUMBUM NO SEGURO POR 100 MIL LIBRAS"

"Seguindo os passos da J-Lo, o Louis decidiu tomar medidas para proteger o traseiro. Ele admite que as fãs às vezes saem um pouco da linha, e temeu pelo seu bumbum em várias ocasiões."

☐ Notícia verdadeira ☐ Mentira deslavada

"UM JANTAR DE CÃO"

O cachorro da família do Louis, Ted, é exigente e não come nada que não tenha ketchup! O Louis não faz ideia do motivo pelo qual o seu bichinho tem um gosto tão peculiar, mas garante que não teve nada a ver com isso, acrescentando que "ele nasceu assim".

☐ Notícia verdadeira ☐ Mentira deslavada

"A DIREÇÃO ERRADA"

Em janeiro de 2012, o Louis e os colegas de banda se envolveram em um pequeno acidente de carro, que feriu levemente o pescoço de três dos garotos, no chamado "efeito chicote". Apesar do acidente, eles fizeram um show na noite seguinte porque não queriam decepcionar os fãs.

☐ Notícia verdadeira   ☐ Mentira deslavada

O melhor... dia... de... todos

UAU! PREPARE-SE PARA O DIA MAIS EMPOLGANTE DA SUA VIDA. VOCÊ ESTÁ PRESTES A ENTREVISTAR O LOUIS TOMLINSON. COMPLETE A HISTÓRIA ABAIXO ESCOLHENDO ENTRE AS OPÇÕES QUE ESTÃO NOS PARÊNTESES OU ENLOUQUEÇA E ESCREVA O QUE DER NA TELHA PARA DESCREVER UM DIA TOTALMENTE INESQUECÍVEL.

Você acorda bem cedo para a entrevista e se belisca pela milionésima vez para saber se isso está mesmo acontecendo, pois mal pode acreditar que vai conhecer o Louis Tomlinson hoje. E tudo começou quando você se inscreveu em um concurso .... (de uma revista / no Twitter / de canto). O prêmio era a realização de um sonho: a oportunidade de entrevistar seu integrante favorito do One Direction.

Você escolheu .... (nome do seu BFF) para ir à entrevista, que está no auge da empolgação, torcendo para seu integrante favorito do 1D, o ....

(Harry Styles/ Zayn Malik / Niall Horan / Liam Payne), **também estar lá.**

Na véspera do grande dia, vocês passam horas escolhendo a roupa perfeita e, no fim das contas, decidem escolher algo

.... (bacana, porém casual / meio maluco e diferente / superchique).

Uma multidão está se formando em frente à sua casa, e você dá uma olhada por trás da cortina para ver o que está acontecendo. OMG, você não acredita quando vê que o Louis mandou ....

.... (uma limusine com vidros escuros / um helicóptero / um carro esporte) **para buscar vocês.** Ao entrar, você percebe que o Louis deixou uma surpresa no banco do carona e não consegue esconder o sorriso com a gentileza dele. É ....

.... (um buquê de rosas / uma cenoura / uma caixa de bombons).

O motorista / piloto diz que você vai encontrar o Louis ....

.... (no cenário do próximo clipe do 1D / em um hotel de luxo / na casa dele), **e você dá um grito de alegria. Vai ser DEMAIS!**

Ao chegar lá, o Louis faz questão de receber vocês pessoalmente e ele é ainda mais maravilhoso do que você

imaginava. Ele está usando ....
.... (um macacão /
calça social e blusa navy / um belo terno).

Mesmo com o nervosismo tomando conta, o Louis é tão ....
....
.... (divertido / amigável / encantador) que você
imediatamente relaxa.

Ele diz para vocês se sentirem em casa no(a) confortável ....
....
.... (sofá / pufe / rede), e a entrevista começa. Você
vai direto ao assunto com a pergunta que está morrendo de
vontade de fazer desde que o encontrou:

— ....
....?

Para a sua imensa alegria, ele responde rapidamente:

— ....
....

Em seguida, ele surpreende, perguntando qual é o(a) ....
....
.... (lembrança / feriado / música do One Direction)
de que você mais gosta.

E você responde:

— ....
....

— Bom, a gente pode continuar a entrevista ou sair para se divertir — diz o Louis com um sorriso insinuante.

Ele pega você e ....
.... (seu BFF) pela mão e vocês passam o resto do dia ....
.... (de bobeira com o Louis e o melhor amigo dele, o Stan / aprendendo os passos de dança do próximo clipe do 1D / planejando a maior das pegadinhas para fazer com os outros integrantes do One Direction).

Chegou a hora da despedida, e você tenta sorrir antes de ir embora, mas o Louis tem uma última surpresa:

....
.... (ingressos VIP para a próxima turnê do 1D / um suspensório autografado / um globo de neve do One Direction).

EU AMO O LOUIS

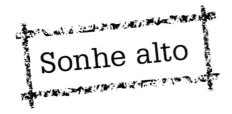

Sonhe alto

DESDE O COMEÇO, A AMBIÇÃO DO LOUIS ERA CHEGAR AO TOPO, MAS A JORNADA PARA O SUCESSO NÃO PODERIA TER ACONTECIDO SEM MUITO TRABALHO E MUITA DETERMINAÇÃO. USE ESTAS PÁGINAS PARA DEFINIR COMO VOCÊ VAI CONQUISTAR OS SEUS OBJETIVOS.

Qual é o seu sonho? Não importa se você quer conquistar a fama cantando, atuando, dançando, tocando um instrumento ou sendo chef de cozinha. Vale tudo, desde que você escreva aqui:

....

....

Quando o Louis estava na escola, ele tocou em uma banda chamada The Rogue e também fez aulas de teatro por algum tempo.

O que você já fez para ficar mais perto de realizar o seu sonho? Anote tudo: pode ser fazer aulas de teatro, praticar muito um instrumento ou apenas estudar bastante.

....

....

Segundo o Louis, o que o motivou a participar do *X Factor* foram os testes para a montagem de *Grease — Nos tempos da brilhantina* feita pela sua escola, na qual ele interpretou Danny Zuko. Isso lhe deu confiança para sonhar mais alto e não ter medo de se arriscar.

Qual é a próxima etapa para conquistar o seu objetivo? Anote tudo. Talvez você precise participar de mais trabalhos voluntários, fazer um teste para conseguir o papel principal em uma peça ou reunir amigos e formar uma banda.

....

....

O Louis é conhecido como o piadista da banda, mas Olly Murs também o descreveu como o integrante do One Direction que tem a mente mais voltada para os negócios.

Quais são os seus pontos fortes? Você é uma pessoa divertida, ambiciosa, gentil, inteligente ou tudo isso e muito mais? Anote as qualidades que tornam você uma pessoa especial cujo destino é voar alto.

....

....

Um dos maiores ídolos do Louis é o Robbie Williams, então um sonho se realizou quando a banda se apresentou com ele na final do *X Factor*.

Quem é a sua fonte de inspiração? Ter uma pessoa forte em quem se espelhar ajuda a manter o foco e correr atrás do seu sonho. Seu herói pode ser um superastro, um amigo ou quem você quiser. E você ainda pode ter mais de um! Escreva o nome de todos eles.

....

....

O Louis gosta de seguir o lema: "Viva rápido, divirta-se, seja um pouco travesso", e acredita muito em viver o momento, porque todo o resto é incerto.

Você concorda com o lema do Louis? Você tem um lema para definir o seu jeito de viver?

....

....

——————— EU AMO O LOUIS ———————

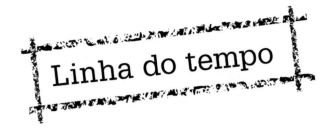

LOUIS TEVE UMA ASCENSÃO METEÓRICA AO ESTRELATO. VOCÊ ESTEVE AO LADO DELE AO LONGO DE TODO O PROCESSO? VEJA ALGUNS DOS PRINCIPAIS MOMENTOS DA VIDA DO CANTOR E PREENCHA AS LACUNAS COM AS PALAVRAS E DATAS QUE ESTÃO NA **PÁGINA 97**. DEPOIS CONFIRA SUAS RESPOSTAS NA **PÁGINA 108**.

.... **(1)**: O Louis Tomlinson nasce em Doncaster, Inglaterra.

.... **(2)**: O Louis faz uma pequena participação em uma série dramática de TV chamada *If I Had You*.

2009: O Louis faz uma audição para o *X Factor*, mas não passa da primeira etapa.

Junho de 2010: O Louis volta às audições do *X Factor*, agora para cantar .... **(3)**, do Plain White T's. Dessa vez os jurados são unânimes no veredito, que é um sim!

93—

Setembro de 2010: Após os jurados formarem o One Direction com cantores que se inscreveram originalmente como artistas solo, a banda vai até a casa de .... (4), em Marbella, onde canta "Torn", da Natalie Imbruglia.

Outubro de 2010: Na primeira apresentação ao vivo, o One Direction canta "Viva La Vida", do Coldplay, e é muito aplaudido.

Dezembro de 2010: O One Direction se apresenta com o ídolo do Louis, Robbie Williams, na final do *X Factor*. O grupo fica em terceiro lugar no programa, perdendo para o vencedor .... (5) e Rebecca Ferguson. "Foi absolutamente incrível! Para mim, o ponto alto foi quando nós cantamos pela primeira vez na casa dos jurados. Aquilo foi inacreditável, e nós demos o nosso melhor, trabalhamos muito," diz o Louis.

Março de 2011: O Louis posa orgulhosamente com o restante da banda no lançamento do primeiro livro, *One Direction: Forever Young*, que chega ao topo da lista dos mais vendidos.

Agosto de 2011: O Louis e os colegas de banda chegam aos estúdios da Radio 1, em Londres, para o lançamento do single de estreia da banda, ... (6).

Setembro de 2011: O single de estreia chega ao .... (7) no Top 40 do Reino Unido e passa 19 semanas consecutivas nas paradas.

Novembro de 2011: O Harry apresenta o Louis à .... (8), e o casal começa a namorar.

Fevereiro de 2012: O Louis e o 1D viajam aos EUA para fazer uma turnê.

Fevereiro de 2012: O One Direction ganha o prêmio de .... (9) nos Brit Awards com o seu primeiro single. "Uau! Não dá para acreditar que estamos neste palco," disse o Louis. "Quero começar dedicando este prêmio aos fãs. Nós não seríamos absolutamente nada sem eles, então, muito obrigado a vocês."

Março de 2012: O disco do One Direction .... (10) torna-se o primeiro de um grupo britânico a ir direto para o topo da parada Billboard 200 dos EUA.

Abril de 2012: O One Direction chega a .... (11) para uma miniturnê pela Austrália e pela Nova Zelândia.

Maio de 2012: "What Makes You Beautiful" ganha disco de platina duplo nos EUA. Os garotos comemoram o fato de ser uma das boy bands britânicas a fazer maior sucesso e estourar em território norte-americano.

Agosto de 2012: O Louis e os garotos do One Direction cantam "What Makes You Beautiful" em um parque de

diversões flutuante durante a ....
.... (12), em Londres.

Agosto de 2012: O One Direction anuncia que ....
.... (13) vai ser o nome do segundo
disco deles.

Setembro de 2012: No MTV Video Music Awards, em
Los Angeles, o One Direction derrota artistas como
Justin Bieber e .... (14),
e ganha os prêmios de Melhor Clipe Pop, Melhor Artista
Novo e Melhor Clipe para Compartilhar. No palco, o Louis
diz: "Queremos agradecer a Simon Cowell e a todos da
Syco, além de nossa incrível gravadora Columbia, que foi
simplesmente sensacional e, claro, a Steve Barnett, por
acreditar em nós desde o começo, muito obrigado mesmo.
Dedico este prêmio aos nossos fãs."

Outubro de 2012: O Louis joga uma partida beneficente de
.... (15) em sua cidade
natal, Doncaster.

Novembro de 2012: O One Direction fica nas paradas em
dose dupla no Reino Unido, com o disco *Take Me Home* e o
single .... (16) chegando ao
primeiro lugar.

Novembro de 2012: O Louis tem a honra de se apresentar
diante de .... (17), no Royal
Variety Performance, em Londres.

Fevereiro de 2013: O One Direction começa uma turnê mundial.

.... **(18):** um filme em 3D estrelado pela banda é lançado mundialmente, dirigido pelo cineasta norte-americano Morgan Spurlock.

Palavras que Faltam

"Hey There Delilah"
Up All Night
Sydney
Sua Majestade, a rainha
Matt Cardle
24 de dezembro de 1991
"Take me Home"
Futebol
Rihanna
Eleanor Calder

"What Makes You Beautiful"
Agosto de 2013
2006
Simon Cowell
Ao primeiro lugar
"Little Things"
Cerimônia de Encerramento das Olimpíadas
Melhor Single Britânico

DESDE QUE ENTROU PARA O ONE DIRECTION, O LOUIS GANHOU FAMA DE SER O BRINCALHÃO DA BANDA. LEIA AS PEGADINHAS A SEGUIR E AVALIE QUÃO ENGRAÇADAS, DANDO A QUANTIDADE DE ESTRELAS QUE ELAS SÃO, MERECEM SEGUINDO O MEDIDOR DE PEGADINHAS ABAIXO.

MEDIDOR DE PEGADINHAS

★☆☆☆☆ Ridículo. Nada a ver.

★★☆☆☆ Deu para dar um sorrisinho...

★★★☆☆ Ri alto!

★★★★☆ Hilário!

★★★★★ Engraçado demais para descrever!

Hambúrguer com um toque especial
Uma vez o Niall estava na fila para comprar um hambúrguer e recebeu um pouco mais do que esperava com o pedido. O Louis chegou de mansinho por trás dele e puxou as calças do amigo para baixo no meio da lanchonete! Vai uma quantidade extra de mico para acompanhar o hambúrguer, Niall?

Parabéns, Louis!
Fãs do Louis surtaram quando ele, descaradamente, usou o Twitter para fazer um grande anúncio: "Não acredito que vou ser pai! Uau!!" E como se a notícia não fosse suficientemente chocante, o integrante do 1D revelou que Harry Styles estava grávido do seu filho. "Nós podemos confirmar que @Harry_Styles ESTÁ grávido. Se for uma menina, vai batizar de Anne. Se for um garoto, será Juan Direction Styles #HarryGrávido." Não demorou muito para o Louis revelar que era uma brincadeira de 1º de abril.

Seu mestre mandou repetir!
Estar em turnê às vezes pode ser cansativo, por isso o Louis e os colegas de banda inventaram um jogo para se distrair. Nele, os rapazes repetem frases que acabaram de dizer, geralmente em ritmo mais lento, mais alto ou

mais rápido. O Louis diz que pode ser bem polêmico se alguém disser algo grosseiro ou engraçado!

Dia fatal
O Louis gosta de arrumar confusão quase o tempo todo, mas quando a banda está em turnê ela dedica um dia por mês, conhecido como "Dia Fatal", às brincadeiras e travessuras sem limite algum. O Louis diz: "Originalmente a gente escolheu o dia 22 de cada mês como o mais aceitável para fazermos brincadeiras bobas e fugir de todo mundo."

Pegadinha da gravidez
O Louis e o amigo Zayn se uniram para pregar uma peça hilária nos outros três integrantes da banda. Eles estavam sendo entrevistados no Nickelodeon, mas a entrevistadora era na verdade uma atriz fingindo estar grávida. Eles mal tinham começado a gravar quando ela ficou histérica, anunciando que o bebê estava chegando. Foi um caos: o Harry tentou acalmá-la enquanto o Liam ligava para o marido dela a fim de avisar que a esposa estava prestes a dar à luz. Os garotos pagaram o maior mico e também ficaram muitos aliviados quando descobriram que era uma pegadinha.

Dr. Calças?
O bagunceiro do Louis garantiu sua posição como piadista da banda desde o início. Uma noite ele saiu dos estúdios do *X Factor* com uma roupa de paciente de hospital que tinha escondido dentro das calças!

Purpurinados!
Os garotos do 1D causaram a maior confusão purpurinada quando apareceram em um programa de TV espanhol chamado *El Hormiguero*. Tudo começou com uma simples atividade artística na qual a banda deveria colocar purpurina e tinta em pó em caixas de som para criar um desenho, mas o Louis começou a jogar purpurina no Liam, deixando o colega todo brilhante. Os apresentadores do programa fugiram da raia, enquanto os outros rapazes toparam o desafio, fazendo a maior bagunça no estúdio.

O Louis não é sem sal
Em um diário em vídeo do *X Factor* gravado durante a oitava semana do programa, o Louis aparece jogando sal em um gorro cinza e recolocando o chapéu. Quando o Niall pergunta ao colega o que ele está fazendo, o Louis responde: "Colocando o chapéu de volta, ué." Em seguida, ele tira o chapéu, e a cabeça fica totalmente coberta de sal. Depois, o Louis pergunta: "Tem alguma coisa no meu cabelo?"

Por pouco
O Zayn ficou feliz quando uma das pegadinhas do Louis não deu certo. O Zayn explica: "Ontem à noite ele jogou água morna em uma das minhas mãos enquanto eu estava dormindo, porque viu em algum lugar que isso faz você mijar nas calças. Não deu certo, ainda bem! Ele é um idiota, mesmo."

LEIA AS FRASES DO LOUIS A SEGUIR E VEJA SE CONSEGUE DESCOBRIR DE QUEM OU DO QUÊ ELE ESTÁ FALANDO. CONFIRA AS RESPOSTAS NA **PÁGINA 109** PARA SABER SE CONSEGUIU DECIFRAR AS DICAS.

1. "Ela literalmente guarda tudo o que sai sobre a gente nos jornais."

Dica: O Louis sempre foi um cara ligado à família, e esta mulher especial sempre terá um lugar em seu coração.

Quem é? ....

2. "Ele não é humano, é um avestruz. O cara come o dia inteiro, todos os dias, e só pode ser magro de ruim."

Dica: É um rapaz irlandês abusado e muito charmoso.

Quem é? ....

3. "Aos olhos destreinados, isto pode parecer uma roupa de bebê gigante."

Dica: O Louis adora usar isso quando está de bobeira.

O que é? ....

EU AMO O LOUIS

4. "Acho que eu não conseguiria sustentar esse visual. Sou mais do tipo que prefere suspensórios."

Dica: O colega de banda, o Harry, é conhecido por adorar esse tipo de adereço para o pescoço.

O que é? ....

5. "Ele foi uma verdadeira inspiração e tem várias músicas ótimas."

Dica: Esse rei do pop não seria nem um pouco *bad* aos olhos do Louis. Vai ser preciso saber inglês para acertar esta.

Quem é? ....

6. "Ele é tão atrevido que consegue fazer qualquer coisa dar certo. As apresentações dele são inacreditáveis."

Dica: O Louis adoraria ouvir do seu ídolo: "*let me entertain you.*" Mais uma que exige o inglês em dia!

Quem é? ....

7. "Ele não é necessariamente malvado, só é totalmente sincero, e diz o que pensa."

Dica: Os garotos do One Direction não estariam onde estão hoje sem esse jurado do *X Factor*.

Quem é? ....

8. "Eu adoro, vou ser bem sincero com você."

Dica: O Louis adora passar isso na torrada.

O que é? ....

Respostas
Forever Young
Páginas 10 a 12

1. c
2. b
3. a
4. c
5. b
6. c
7. a
8. c
9. a
10. b
11. c
12. a

Mico!
Páginas 15-16

1. Fracasso falso
2. Mico de verdade
3. Fracasso falso
4. Mico de verdade
5. Fracasso falso
6. Fracasso falso
7. Mico de verdade
8. Mico de verdade

Superfãs
Páginas 17 a 19

1. História verdadeira
2. Mentira deslavada
3. História verdadeira
4. História verdadeira
5. Mentira deslavada
6. Mentira deslavada
7. Mentira deslavada
8. História verdadeira
9. Mentira deslavada
10. História verdadeira
11. História verdadeira

Favoritos
Páginas 25 a 27

1. c
2. a
3. b
4. a
5. b
6. c
7. b
8. a
9. c
10. a
11. c
12. b

Verdadeiro ou falso?
Páginas 28 a 30

1. Falso - É o Liam
2. Falso - Era o Zayn.
3. Verdadeiro
4. Falso - Quem tem é o Niall.
5. Falso - É o Harry.
6. Verdadeiro
7. Falso - Quem tem é o Zayn.
8. Verdadeiro
9. Verdadeiro
10. Falso - É o Harry.

Qual foi a pergunta?
Páginas 34 a 36

1. A
2. F
3. L
4. J
5. D
6. B
7. E

Músicas embaralhadas
Páginas 78-79

1. "Up All Night"
2. "Kiss You"
3. "Little Things"
4. "Everything About You"
5. "What Makes You Beautiful"
6. "Stole My Heart"
7. "Take Me Home"
8. "Heart Attack"
9. "Live While We're Young"
10. "I Want"
11. "Tell Me a Lie"
12. "Same Mistakes"
13. "Back for You"
14. "Summer Love"

Procurando o Louis
Páginas 80-81

P	N	O	S	N	I	L	M	O	T	S	I	U	O	L
S	A	E	F	I	C	R	M	H	C	O	A	E	N	W
D	O	N	C	A	S	T	E	R	K	W	S	Y	E	S
N	H	C	E	L	E	A	I	H	O	S	C	V	T	I
O	O	D	L	L	E	W	O	C	N	O	M	I	S	P
O	O	L	M	H	A	R	R	Y	S	T	Y	L	E	S
T	Z	F	I	G	W	I	C	I	O	S	A	C	N	O
C	T	A	K	R	N	H	S	D	M	H	G	S	Y	W
E	A	E	Y	A	G	E	J	O	A	T	R	E	A	C
R	T	E	E	N	A	Q	Z	S	N	K	I	L	P	D
I	A	L	E	R	M	K	E	H	C	G	C	T	M	L
D	S	D	T	J	G	A	E	D	N	N	M	A	A	I
E	F	I	I	T	D	B	L	D	H	N	L	E	I	A
N	N	S	H	G	V	H	N	L	D	F	G	B	L	T
O	L	C	W	K	B	H	I	G	K	C	S	O	N	U

Deu no jornal!
Páginas 82 a 85

"ALFACE OCULTA!" — Mentira deslavada

"ABRAÇOS GRÁTIS SÓ POR HOJE" — Notícia verdadeira

"GUERRA DE COMIDA GERA CAOS EM MASSA" — Notícia verdadeira

"EM GUARDA!" — Mentira deslavada

"O QUE FAZ VOCÊ DIRIGIR TÃO DEVAGAR?" — Notícia verdadeira

"O LOUIS REVELA QUEM SERIA A COMPANHIA PERFEITA PARA UM JANTAR" — Notícia verdadeira

"O LOUIS PÕE O BUMBUM NO SEGURO POR 100 MIL LIBRAS" — Mentira deslavada

"UM JANTAR DE CÃO" — Mentira deslavada

"A DIREÇÃO ERRADA" — Notícia verdadeira

Linha do tempo
Páginas 93 a 97

1. 24 de dezembro de 1991

2. 2006

3. "Hey There Delilah"

4. Simon Cowell

5. Matt Cardle
6. "What Makes You Beautiful"
7. Primeiro lugar
8. Eleanor Calder
9. Melhor single britânico
10. *Up All Night*
11. Sydney
12. Cerimônia de encerramento das Olimpíadas
13. "Take me Home"
14. Rihanna
15. Futebol
16. "Little Things"
17. Sua Majestade, a rainha
18. Agosto de 2013

Jogo de adivinhação
Páginas 103-104

1. A mãe dele
2. Niall Horan
3. Macacão
4. Gravata-borboleta
5. Michael Jackson
6. Robbie Williams
7. Simon Cowell
8. Marmite

Jogo dos Erros
Na seção de fotos
1. A gola do casaco do Liam ficou mais clara.
2. A pulseira do Liam ficou preta.
3. O lenço do Louis agora é vermelho.
4. Está faltando um dos botões do Niall.
5. Estão faltando algumas das tatuagens do Zayn.
6. O cabelo louro do Zayn agora é castanho.
7. Está faltando o lenço do Harry.
8. Os botões do Harry agora são pretos.

Créditos das Imagens:
Capa: Matt Baron/BEI/Rex Features
Contracapa: Dennis Van Tine/ABACAUSA.com/Press
Association Images

Fotos:
Página 1, IBL/Rex Features
Página 2, Jeff Kravitz/FilmMagic/Getty Images
Página 3, Erik Pendzich/Rex Features
Página 4, Al Pereira/WireImage/Getty Images
Página 5, Jennifer Graylock/AP/Press Association Images
Página 6-7, Andreas Rentz/Getty Images
Página 8, Jim Smeal/BEI/Rex Features

Este livro foi composto na tipologia Glypha LT Std,
em corpo 9,5/13,3, impresso em papel offwhite na LIS Gráfica e Editora Ltda.